W0370523

Patrizia Gucci

Charme

PATRIZIA GUCCI

Ilustraciones de Donatella Caprara Riva

Charme

VERGARA
GRUPO ZETA

Barcelona • Bogotá • Buenos Aires • Caracas • Madrid • México D.F. • Montevideo • Quito • Santiago de Chile

Título original: *Charme*

Traducción: M.ª Antonia Menini
Ilustraciones de Donatella Caprara Riva

1.ª edición: abril 2007

© 2006 Sperling & Kupfer Editori S. p. A.
© Ediciones B, S. A., 2007
para el sello Javier Vergara Editor
Bailén, 84 - 08009 Barcelona (España)
www.edicionesb.com

Printed in Spain
ISBN: 978-84-666-3325-3
Depósito legal: B. 6.912-2007

Impreso por LIMPERGRAF, S.L.
Mogoda, 29-31 Polígon Can Salvatella
08210 - Barberà del Vallès (Barcelona)

Todos los derechos reservados. Bajo las sanciones establecidas en las leyes, queda rigurosamente prohibida, sin autorización escrita de los titulares del *copyright*, la reproducción total o parcial de esta obra por cualquier medio o procedimiento, comprendidos la reprografía y el tratamiento informático, así como la distribución de ejemplares mediante alquiler o préstamo públicos.

A Marcello, que ha seducido a mujeres y a amigos con su refinada ironía y su sentido del humor.

Índice

Introducción

Creo que la seducción es recíproca o, mejor dicho, que se establece en la reciprocidad. En resumen, para que haya un seductor, tiene que haber un seducido.

¿Pero de dónde procede la extraordinaria capacidad de seducir al otro? Difícil comprenderlo. En efecto, aunque la seducción pueda ser voluntaria y consciente, también se puede disparar tras haber adivinado la eficacia de la involuntaria. Hasta llegar a la paradoja de que, tras haber seducido a alguien sin querer, ya no se sepa cómo librarse de él.

La seducción es una capacidad innata que, sin embargo, se puede perfeccionar y enriquecer con la experiencia a través de múltiples estrategias que siempre hay que ejercer con suavidad y tienen que resbalar como la organza entre los dedos.

Puesto que el alimento de este juego es la magia,

hay que saber improvisar, procurando moverse con circunspección, captar las vibraciones imperceptibles y las órdenes del inconsciente que nos empujan como un imán hacia el otro.

Una mano pasada entre el cabello mientras se deja caer la mirada, un perfume dosificado con sabiduría para que deje su propia estela, una sonrisa radiante que ilumina la estancia; situar el corte de la falda de tal manera que se pueda intuir la sensualidad de la carne desnuda, dejar caer deliberadamente al suelo una hoja de papel, simulando torpeza para después agacharse a recogerla de tal manera que se deje al descubierto el escote, cruzar las piernas con picardía...

Y, en el caso de los hombres, tener el valor de besar la mano, ¿por qué no?

Y después, jugar con los colores. En el arte de la seducción, el blanco y el negro raras veces se utilizan; sólo para diluir y matizar. Mientras que el vibrante anaranjado, el rojo encendido y el púdico color rosa estarán siempre presentes en la paleta ideal. Para dar color, para soñar, para descubrir que este juego es un poderoso ungüento, un medio para librarse de las cosas desagradables y los esfuerzos de todos los días, para dejar de pensar que hace mucho tiempo que no somos felices.

Qué hacer para resultar irresistibles, me preguntaréis. Me gustaría poder regalar la fórmula, pero creo que la diversión consiste precisamente en aprender a serlo, en comprender qué partes de nosotras, si se desarrollan debidamente, nos ayudarán a convertirnos en tales. Cuántas veces hemos buscado aquel no sé qué que conviene acentuar o bien aquella cualidad de nuestro carácter que desearíamos que emergiera a la superficie cuando nos encontramos en presencia de alguien que auténticamente nos interesa: de un hombre que nos fascina o de una mujer que nos gusta. Caso por caso, tras haber hecho de todo para que ello ocurriera, nos hemos trabajado tenazmente a nosotros mismos y hemos expresado nuestros sentimientos, desenfundando nuestro *charme* a la espera de escuchar aquella frase susurrada al oído.

En tales momentos nacen la alegría, la luz que nos invade, el escalofrío que nos estremece; en tales momentos conquistamos el instante feliz que alimentará nuestra alma.

Cuando al final conseguimos seducir, tenemos la confirmación de que gustamos. Y finalmente nuestro ego se gana un pedacito de éxtasis.

En este libro he intentado perfilar las principales peculiaridades de la persona que resulta seductora por naturaleza o gracias a la práctica. He descubierto que, en el fondo, todos somos alquimistas. Cada uno de nosotros dispone de un bagaje ideal que tiene que perfeccionar.

La mirada, los gestos y la voz son los tres elementos más poderosos para la seducción. Sin embargo, el material que yo he reunido reserva sorpresas imprevistas.

He trazado también algunas categorías clásicas de seductoras y seductores en un intento de hallar el hilo conductor de su manera de resultar irresistibles; no obstante, hay un pensamiento del cual no quiero prescindir: cualquier gesto que consiga el objetivo principal de seducir estará siempre justificado y, a no ser que seamos irremediablemente torpes y patosos, a menudo será suficiente con conocer unos pocos secretos para conquistar a la persona deseada.

Por encima de todo, no os deis por vencidos y atreveos.

Si finalmente os ocurre, tal como me ha ocurrido a mí, que estáis en un salón donde acabáis de conocer a un abogado-quiromántico que os pide leeros la mano, aceptad. No seáis pudorosas. Y si él os explica que para completar la lectura sería necesario leer también vuestro pie, atreveos. Descalzaos, quitaos la media (en el supuesto de que llevéis un liguero o unas medias con autosujeción) y ofrecedle el pie desnudo con el mayor desparpajo. Estoy segura de que el abogado lo sostendrá en su mano, lo acariciará y os hará de inmediato un precioso cumplido. Puede que os diga que vuestra extremidad, a la que hasta ayer mismo no habíais atribuido la menor importancia, se parece a la de una estatua griega.

Charme

Las (no) reglas de la seducción

La primera regla es que no hay reglas. En otras palabras, no existe un mecanismo elaborado en una mesa. Incluso una persona aparentemente torpe puede seducir, puede convertir su encanto, lo que se llama *charme*, en una opción triunfadora.

Es lo mismo que sucede en el arte. Seguro que nadie enseñó a pintar al maestro japonés Hokusai, el excéntrico artista que sostenía que «para transformarse en manantiales libres primero hay que convertirse en reglas, escuadras y compases».

Pero seguro que, más allá del talento, él también habrá perfeccionado su propia inspiración viviendo sus numerosas fases pictóricas como auténticas mudas de la piel.

Volvamos por tanto a las no reglas.

Sé tú misma y no te fuerces.

Siempre vale la pena seguir el propio instinto pues sólo así seremos conducidas hacia quien nos gusta, hacia aquel abrazo con el que estamos soñando.

Cualquier cosa excesivamente estudiada es sinónimo de fracaso seguro. En cambio, seguir el hilo natural de nuestra identidad resulta altamente seductor.

Sin duda existen mujeres a las cuales no es necesario sugerirles nada. Son aquellas que, cuando se mueven, parecen fluctuar, y que al hablar te embrujan con su encanto innato.

Pero, si no eres una de ellas, no te preocupes. Jamás serás totalmente inadecuada. Tu media naranja, la que espera ser seducida por ti, existe.

Tómatelo con calma.

Las mujeres, y también los hombres, son hábiles tejedoras de tramas, pero necesitan tiempo. La espera es la que aumenta la tensión del juego y permite recoger todas las informaciones necesarias para poder decir «contigo sí».

No por casualidad André Gide dejó escrito: «A menudo cuando os negáis el placer no hacéis sino almacenar el deseo...»

También es bonito concederse tiempo para seguir una pequeña dieta de cara a perder aquellos cuatro o cinco kilos de más.

Jamás reveles tus futuras jugadas al hombre que te gusta.

La sorpresa será la que abra de par en par la puerta de acceso a la atracción. Ya de entrada nos planteamos ciertas preguntas: ¿Le gusto? ¿Cómo decidirá abordarme? ¿Me tendrá siempre a su lado?

Son los mágicos comienzos. El asombro que el otro suscita en nosotros es un componente fundamental que permite a las dos energías dispararse en la misma dirección; y la fascinación es, en el fondo, el único reino donde habita la seducción.

Conoce y aprende a utilizar tus puntos débiles y fuertes.

Construir un estilo propio y personal tiene sus ventajas, sobre todo cuando conseguimos aprovechar aquellas que ya se nos reconocen como dotes naturales y somos conscientes de nuestro propio *charme*.

¿Sois conscientes de tener un bonito trasero? Lucir un vestido que permita entrever la parte inferior de la espalda parece ser que enloquece a los hombres que lo consideran el punto más sexy del cuerpo femenino. Cuando una mujer camina, si el tejido —tal vez de lustrosa seda natural— le acaricia la piel desnuda siguiendo el ritmo de su contoneo, no cabe duda de que todos los varones presentes empezarán a fantasear acerca de turbadores momentos prohibidos. Aunque el hombre también puede convertir su trasero en el punto fuerte de su *sex-appeal*.

Cada parte seductora del propio cuerpo tiene que valorizarse al máximo. Hay mujeres que tienen unos tobillos muy finos, otras un escote provocador, otras manos de pianista, delicadas y perfectas. Colocadlo todo en primer plano como si fuera una mercancía valiosa, cuidadlo y enriquecedlo para acentuar sus formas y llamar la atención sobre la imagen de vosotras mismas que deseáis mostrar, sobre aquella parte de vosotras que se muere de ganas de asomar la cabeza.

Cómo prepararse para seducir

Para encontrar al hombre adecuado y prepararnos para el fatídico encuentro tenemos que trabajar duro incluso sobre nuestro cuerpo. Cuidar el aspecto es un deber para con nosotros mismos pues en cada momento de la vida podría presentarse un «tipo interesante». Yendo a comprar el pan o el periódico por la mañana, cruzando la mirada con un señor que está bajando del coche o bien en la cola del supermercado. En efecto, aparte de los lugares canónicos, éstos son los que yo considero más fértiles para los encuentros. ¿Dónde es posible trabar mejor conversación sino en las situaciones de nuestra vida cotidiana? Lo demás, los locales de baile, los bares, los clubes, son territorios de caza demasiado evidentes y la persona que los frecuenta parece llevar escrito en la cara: «¿Hay alguien que me quiera?»

Por consiguiente, nuestra imagen tiene que estar impecable en todo momento.

¿Qué hacer para mantener en forma el cuerpo?

A través de las revistas, la radio o la televisión nos llegan habitualmente mensajes acerca de la perfección física y el aspecto glamuroso, pero yo intentaré proponer aquí mis reglas.

Una dieta desintoxicante y adelgazante no puede sino resultar beneficiosa a casi todas las mujeres. A mí siempre me ha gustado la dieta de la Zona, un régimen alimenticio —excelente también para quienes no necesitan perder peso— que contempla la correcta relación entre los hidratos de carbono (poca pasta y pan) y las proteínas (muy bien el pescado y la carne blanca), eligiendo verduras y frutas, por ejemplo la piña, que tiene unas propiedades fantásticas si al mismo tiempo se bebe mucha agua.

Por la mañana nada más levantarse, no olvidar beber un vaso de agua templada. Os ayudará a purificar el organismo. Yo lo hice con asiduidad durante tres meses y al final me acostumbré de tal manera que ahora no puedo prescindir de este hábito.

Si teméis olvidaros, fijad una nota en la mesita de noche que os recuerde que estáis haciendo un régimen.

Personalmente soy contraria a la cirugía plástica, pues en mi opinión la seguridad nace de la aceptación de cómo está hecha una, y una fascinación natural es más eficaz que otra simulada o excesivamente ayudada. También por este motivo prefiero invertir en la prevención, que es la mejor ayuda para evitar una decadencia física precoz.

Voy al gimnasio desde hace muchos años y estoy tan acostumbrada a hacerlo que, cuando no puedo, me resiento incluso psicológicamente. Desarrollar una actividad física —lo descubriréis si tenéis la voluntad de no rajaros enseguida— pone incluso de buen humor porque libera endorfinas, unas hormonas que mejorarán vuestra visión de toda la jornada. Pero si no os gusta el gimnasio, salid a dar un paseo o a correr por el campo, por el bosque o el parque de vuestra ciudad.

Aconsejo también a todas llevar el cabello bastante largo y, como es natural, siempre bien cuidado, porque es muy femenino y puede sujetarse fácilmente con una cinta, eligiendo por ejemplo una cola de caballo alta que confiere un aire muy adolescente. Os rejuvenecerá por lo menos diez años.

En cambio, si hace tiempo que no retocáis vuestro *look*, una sesión en la peluquería resultará prioritaria: para cambiar de corte o aplicar unas luminosas mechas. Cuando salgáis del establecimiento, os sentiréis con ánimos para conquistar el mundo.

El maquillaje tiene que ser suave y natural, pero no debe faltar ni siquiera por la mañana al levantarse. Con una fina capa de polvos y un brillo de labios, vuestro rostro estará más relajado y luminoso. Las manos también son importantes y hay que mantenerlas siempre suaves con una crema. Con eso no os estoy diciendo que las sumerjáis en un baño de parafina como hacen en Estados Unidos, donde existen centros especiales de manicura mucho más sofisticados que los nuestros, pero considero apropiado cuidarlas porque la epidermis de las manos tiende a envejecer antes que la de otras partes del cuerpo. Las uñas deberían llevarse cortas y muy limpias, no me parecen muy glamurosas las largas como garras que lucen las norteamericanas.

Si además os gustan los masajes, no hay ninguna contraindicación porque modelan y relajan.

Recordad que a los hombres les gustan las mujeres que cuidan su feminidad y su aspecto físico. Cuanto más cuidadas y seductoras estéis, tanto más atraídos se sentirán ellos por vosotras.

Yo sé que me cuido mucho y si algunos casi me critican por eso, otros me dicen que parezco perfecta. Puede que no sea necesario exagerar, pero a mi juicio cuidar de uno mismo y aprender a gustarse —para comprender hasta qué extremo podemos resultar seductores para los demás— es una especie de linfa que emana de nosotros y conquista a los demás.

Primero de la primera

Ya estamos. Lo habéis encontrado y creéis que es fascinante. Ahora lo importante es no precipitar los acontecimientos. Esperad a que os llame él. Personalmente, en eso soy bastante tradicional y consigo esperar una semana e incluso dos. Si habéis enviado las señales adecuadas durante vuestro primer encuentro, la invitación llegará casi siempre, a veces bajo la forma de un simple *drink* o un aperitivo fortuito.

Sin embargo, si a pesar de las señales y la espera vuestro posible «él» no se decide, será necesario interrumpir la espera y entrar en acción. Llamadlo vosotras, asumid el control de la situación e invitadlo. En resumen, invertid los papeles. Proponedle veros en un sitio agradable donde haya música y gente, pero donde también podáis apartaros para conversar. En Florencia, por ejemplo, el Sesame es perfecto. O bien organizad un pequeño almuerzo en casa, invitándolo el primero de la lista junto a otros amigos vuestros.

En dicha oportunidad, echad mano sobre todo de vuestro *sex-appeal* para llamar su atención. Será suficiente un solo accesorio sexy, un top ajustado o una falda con corte lateral, pero, atención, tiene que ser una sola prenda, de lo contrario correríais el riesgo de parecer vulgares. Yo, por ejemplo, adoro los zapatos y, ¿por qué no?, me encanta poder elegir un par de color rojo y tacón de aguja. Otra idea es recoger el cabello con un palillo chino para, a media velada, soltarlo con naturalidad sacudiendo la cabeza con elegancia.

Y, finalmente, mantened alta vuestra autoestima, apostad por vuestra seguridad basada en la certeza de que él caerá rendido ante vuestro *charme*, ante vuestra capacidad de seducir. Poco a poco cederá y se fijará en vosotras, creyendo haberos elegido él entre las demás. Observará que sólo habéis tenido ojos para él, que habéis desenfundado una dulce sonrisa de mujer para su uso exclusivo y empezará a saborear de antemano que seréis suya.

Lo olvidaba: hacedle cumplidos, hacédselos en cantidad, porque los hombres se pirran por ellos, pues, por regla general, son ellos los que los hacen. Y eso también le confirmará que muy pronto algo tendrá que ocurrir entre vosotros.

Si no caen en tus redes

A veces no hay nada que hacer. Vuestro «él» no os corteja para nada. ¿Todo perdido? Por supuesto que no.

Es el momento de activar el mecanismo de un plan de emergencia: ¿habéis visto alguna mujer que se rinda ante el primer rechazo? Hemos nacido para combatir con clase y con humor. Lo primero que quiero aconsejaros es que os hagáis amiga de su mejor amigo. Podría ser una manera de llamar la atención, de acercarlo a vosotras y seguir echando mano de vuestras armas de seducción.

Si os enteráis de que es aficionado a un deporte y si esta práctica no os queda muy lejos, podríais recibir lecciones o, por lo menos, informaros. ¿Es un apasionado del tenis? Tendréis que saber absolutamente cuáles son los mejores materiales, la tensión de las cuerdas y los datos técnicos de la última raqueta de carbono que os evitará problemas en el brazo o bien la pelota que mejor se adapta a vuestro juego. ¿Y por qué no?, desafiarlo a un partido de tenis, donde tendréis ocasión de desenfundar vuestra faldita corta.

Por el contrario, si no es un deportista y no habéis conseguido descubrir qué afición lo entusiasma, procurad indagar acerca de sus costumbres cotidianas y poned en práctica una estrategia para tropezaros casualmente con él. Anotad en una agenda lo que vayáis descubriendo, os servirá para reconstruir su campo de acción y para programar el vuestro.

Pero, en determinado momento, si nada de lo que hayáis hecho ha servido para llamar su atención, ¡declaraos!

Es la última carta, pero ¿por qué no jugarla, por qué tener miedo? A veces, el valor puede despertar su decisión y será de su agrado con toda seguridad. Sentirse objeto de los deseos de alguien es siempre muy agradable.

Incluso puede que descubráis que le interesabais y que él también vacilaba sin estar muy seguro de sí mismo, reteniendo en la punta de la lengua su declaración.

Yo seduzco así

«La verdadera seducción sale de la cabeza.»

Sharon Stone

Soy partidaria de la sencillez: de las situaciones, del placer, del ser, de la seducción, de la comida.

¿Hay algo más bello y seductor que prepararse para recibir a alguien en la propia casa y organizar una bonita cena con las propias manos? Mi manera de seducir se reduce a eso.

Quiero desmontar el mito de las ostras y el champán, de la langosta o de un pequeño bol de caviar recién llegado del mar Caspio. Está demasiado visto y resulta poco eficaz.

Los detalles y peculiaridades de esta velada serán los que la conviertan en algo especial para vosotras que la habéis creado y para aquel que la vivirá en vuestra compañía.

Antes de vestiros, tomad un baño muy caliente, como acostumbran hacer los japoneses. Tras haber troceado en el interior de la bañera unas cortezas de naranja —los efluvios de su perfume os embriagarán—, llenadla de agua, pero comprobad que la temperatura sea auténticamente alta. Procurad resistir el impacto con el agua caliente y, mientras penetráis muy despacio para ofrecer a vuestro cuerpo la posibilidad de acostumbrarse, mojad progresivamente las partes todavía secas. Cuando os hayáis sumergido, colocad una toalla bajo la cabeza apoyándoos bien y cubrid incluso el rostro. Los humos del vapor contribuirán a alejar las contrariedades.

Abandonaos a la sensación envolvente del calor, cerrad los ojos, relajaos como si estuvierais en una sesión de meditación. Y, sobre todo, cargaos de ligereza, la que exige la vida para afrontar los momentos importantes.

Volved a pensar en él: será más fácil recuperar la calma interior.

Elegid un ajustado vestidito negro muy sexy que os caiga de maravilla, tal vez con un collar de perlas, y unas sandalias de tacón muy alto. Hay que llevar el cabello suelto sobre los hombros, pero recién lavado y perfumado con champú neutro infantil. Un maquillaje sencillo y ligero, quizá con una fina capa de rojo encendido en los labios.

¿Y la música?

¿No tendréis por casualidad una amiga que sepa tocar el arpa?

Sería original, pero es importante establecer el momento de la entrada y la salida (es bueno que el músico se retire antes del postre).

Finalmente, la cena se tendrá que preparar con sumo cuidado.

Cread una agradable atmósfera cálida y acogedora que os permita hablar de vosotras y de vuestro ser más íntimo. Eliminad la luz artificial y utilizad sólo velas por todas partes y en todos los rincones. Y flores, flores blancas. De ellas se dice que son los pequeños elfos de los bosques y que emanan alegría y luz.

Y después preparad unas buenas recetas cuya relación con vuestro invitado tendrá que ser armoniosa. Es indispensable que el menú esté personalizado para él o para ella.

Ya se sabe que la comida, el placer y el disfrute siempre han ido del brazo, pero el disfrute de unos platos cuidadosamente preparados determinará el verdadero éxito de la velada.

He elegido para vosotras un par de platos presentados por Manuel Vázquez Montalbán y extraídos de *Recetas inmorales* (Editorial Afanías, 1996). El primero es un entremés muy fácil; el segundo un postre excelente.

Pan con tomate

Rebanadas de pan campesino, esponjoso, de un día para otro.

Tomates maduros abiertos por la mitad y frotados

sobre el pan para esparcir las semillas, el agüilla y la pulpa desgajada de la piel gracias a los cantos de la corteza.

Sal bien repartida y que sea húmeda.

Chorrito de aceite.

Apretar bien con los dedos en los cantos de las cortezas y luego soltar, para que el aceite se esparza a sus anchas.

Bavaresa perfect love

La malicia de esta variante de dulce a base de huevo cuajado la pone el clavo, especia mítica a la que se le han atribuido casi todas las propiedades, por su condición de clavo inútil.

Batir las yemas y el azúcar hasta que quede una crema fina. Calentar la leche con los clavos y cuando esté a punto de hervir retirar los clavos y verter la leche lentamente sobre la crema anterior, batiendo continuamente.

Poner esta mezcla a fuego muy lento, removiendo sin permitir que hierva.

Preferiblemente remover con una cuchara de madera.

Retirar del fuego esta masa líquida y verterla sobre la gelatina remojada.

Cuando la mezcla se enfríe añadir la crema batida y la cáscara de limón rallada.

Verter la mezcla en un molde aceitado y meterla en la nevera durante cuatro horas.

Se sirve desmoldeada sobre una bandeja de servicio.

Y si a pesar de todo la velada no acaba bien, tened a mano el número de vuestra mejor amiga, la cual acudirá a vuestra casa a toda prisa y os consolará, terminándose de paso las sobras.

A la primera mirada

«¿Quién ha amado alguna vez si no ha amado a la primera mirada?»

WILLIAM SHAKESPEARE

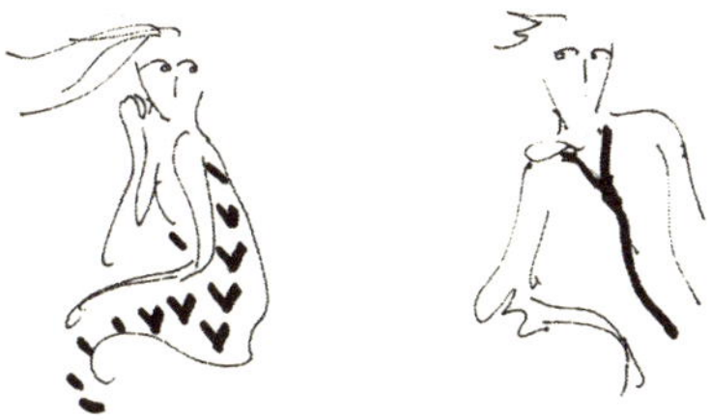

No cabe duda: tanto si son el espejo del alma como si no, los ojos comunican constantemente porque la mirada es la expresión más alta de nuestra vitalidad. Si deseamos o rechazamos, si estamos bien o mal, la menor emoción se filtrará de manera refleja en nuestro iris. Se puede fingir con las palabras, engañar con las actitudes del cuerpo, se puede recurrir a la inmovilidad y al silencio para evitar expresar las emociones que nos trastornan. Pero jamás conseguiremos mentir con la mirada. Precisamente por eso corremos el riesgo de traicionarnos y de no poder ocultar o retener nuestra intimidad más secreta, la ardiente y devoradora necesidad de estar con alguien. El *charme* que emana de la mirada es bilateral y misterioso. Tanto si es fulminante, lento, pasional, sensual, irónico, burlón, lánguido, primitivo, disperso o inquieto, cuando se utiliza para seducir, se experimenta la necesidad de saciar de inmediato nuestros sentidos visuales para, a partir de ahí, tomar impulso hacia los olfativos, táctiles, emotivos y físicos.

A la mujer le encanta mirar y lo sabe hacer incluso sin que nadie se dé cuenta.

Mantener los ojos bajos tal como hacen las geishas es una forma de sumisión.

A través de los ojos observamos la vida de los demás y los demás observan la nuestra. Las miradas se cruzan y se hablan sin filtros, se convierten en una especie de arribada o encuentro visual entre sujetos y culturas distintas.

El punto en el que se posa el ojo será el primer contacto entre dos almas. Si la mirada se detiene, si se sostiene o es inmediatamente correspondida, significa que ya estamos.

Se ha disparado el interruptor de la seducción.

¿*Shopping* para seducir o seducida por el *shopping*?

Hacer *shopping* con vistas a la seducción es como practicar el sexo y a veces casi mejor.

Cuando estás enamorada no puedes evitar dejarte arrastrar por el deseo de comprarte un vestido nuevo para gustarle a él. Cuentas el dinero, tratas de comprender qué presupuesto puedes permitirte asignar, hasta dónde podrás exagerar.

¿Me lo gasto todo o no? ¿Me compro sólo uno o será mejor que tenga dos distintos? ¿Lo combino con aquel top o con aquellas sandalias?

A veces me ocurre que me paso horas caminando sin rumbo por la selva de las tiendas. Pero, cuando me bloqueo delante de un escaparate, no falla. Significa que ya me veo con aquella prenda encima, con aquellas sandalias de tacón de aguja... Me gusta entrar en las tiendas, oír la música difusa, y me parece que todo lo que se expone en ellas es para mí.

Entro incluso en una sombrerería sin vacilar. Le señalo al dependiente un sombrero del estante, de copa abombada, de paja, de forma un poco antigua, y después me pruebo uno negro de fieltro y parezco recién salida de un cuadro con una escena de caza. Pido que me enseñen por enésima vez el enésimo bicolor de ala estrecha y, cuando me lo pongo, me siento una *femme fatale* en toda la extensión de la palabra.

Entro y salgo de las tiendas y parezco una mariposa atraída por el centelleo del *strass*, los fulgores de los rótulos. Doy vueltas y más vueltas delante del espejo de la *boutique*. De pronto, recuerdo que las luces de neón de los probadores son despiadadas y multiplican los defectos. Y entonces llamo a la dependienta y le pido que apague la luz. De esta manera, empiezo a probarme las prendas en la penumbra de un trastero e inevitablemente acabo comprando algo.

Ya se sabe que ir de compras es terapéutico. Se han escrito tratados enteros sobre el tema e ilustres profesores han pronunciado conferencias para describir y explicar las razones de este irrefrenable impulso.

Las seductoras

«No existen hombres perfectos. Existen hombres perfectos para nosotras. Y eso es aplicable también a las mujeres.»

LUCIANA LITTIZZETTO

La *manager*

Se encuentra por derecho propio en el mundo de los hombres y, por consiguiente, la fascinación que ejerce es la de estar donde, según muchísimos varones, no debería estar, es decir, al otro lado.

Es una mujer segura de sí misma y este hecho ya induce a los hombres a mirarla con respeto, de abajo arriba. El hecho de que esté tan comprometida con el trabajo da lugar a que ejerza su poder seductor generalmente entre cuatro paredes, las del despacho.

Éste es su reino, aquel en el que pone en práctica sus dinámicas prodigiosas. El lugar oficialmente designado para invertir los papeles.

Una jefa será siempre y sin la menor duda objeto de interés por parte de cualquier subordinado. Como un virus por el aire se extenderá el afán de conquistarla, de competir por seducirla. Puede que alguien más machista que los demás intente incluso inducirla al incumplimiento de sus obligaciones, a que emerja de ella sólo su parte femenina.

Pero ella será siempre la que dirija los bailes. Los jovencitos sólo se podrán inventar la música. Ella construirá día a día el terreno de su poder y él se sentirá cada vez más fascinado y atraído, hasta el punto de que hará todo lo posible por atraer como un imán su atención.

Alguien se transformará en poeta y le dejará encima del escritorio una notita acompañada por una flor. Pronunciará una frase en la esperanza de hacerla reír. O simplemente de halagarla.

Otro aprovechará cualquier cuestión en la que ella se muestre indecisa como excusa para acudir en su auxilio. Si ella, por ejemplo, había comentado en voz alta un problema acerca de la estabilidad de su automóvil en las curvas, a la primera ocasión él se presentará preparado y sabrá aconsejarle el último curso de conducción segura. En resumen, encontrará mil excusas para tropezarse con ella y poder cortejarla.

Por su parte, la jefa, bien enrocada en su alta posición gracias a la fuerza de su poder, podrá contestar con calma y saborear el juego. Se divertirá dejándose conquistar poquito a poco. Al principio, es posible que finja incluso indiferencia, sin permitir por ello el alejamiento de su presa. Después pondrá en práctica una serie de estrategias específicas. Para darse tono, puede que deje caer un bolígrafo del escritorio justo en el momento en que el subordinado galante, el mismo que como quien no quiere la cosa le había dejado la notita con las estrellitas y corazoncitos, pase casualmente por allí.

Si no se enamora o decide acortar las distancias, todo quedará en una partida de ajedrez que podrá prolongar a su gusto.

Pero, en caso de desagrado, entrará en juego el poder como un escudo protector.

Cualquiera que sea la evolución, la mujer *manager* no seducirá ciertamente sólo gracias a los tacones de aguja.

Para hacer carrera, en muchos países del mundo ha tenido que asumir la identidad masculina. Y también por eso, al observar su *look* se aprecia una cierta práctica, un falso *casual* de lo más agradable.

Viste de buen grado pantalones y faldas cómodas sin transformarse por ello en un mastín ni renunciar a su propia feminidad. En cualquier caso, se presenta siempre impecable y luce sus prendas con la misma suficiencia con que hace de empresaria de sí misma.

La *manager*, además, ostenta otros signos de distinción: las flores naturales en la estancia, el móvil último modelo, el coche descapotable para el fin de semana. Y circula en moto como una flecha entre el tráfico urbano, disfrazada de hombre.

Un derrape y listo. Al llegar a su destino, se quita el casco y pega una carrerilla con la cartera de documentos bajo el brazo, tras un rápido desayuno en el bar de abajo del despacho o un yogur entre una y otra conferencia.

El ama de casa

El ama de casa rezuma sencillez, hospitalidad y afecto. Éstas son sus armas de seducción. Apartando a un lado, aunque nunca del todo, las zapatillas y el delantal y modernizando su imagen, que solía presentarla desaliñada e insatisfecha, hoy esta categoría conlleva una fascinación especial.

Sólo ella está en condiciones de representar el hogar en el que todos quisieran refugiarse. Cuando un hombre regresa cansado a casa por la noche, ¿qué más podría desear sino una mujer que lo atienda, que le tenga preparado un ambiente ordenado, las camisas planchadas y un plato, tal vez su preferido, listo en la mesa?

Para algunas mujeres cuidar de sus hombres significa preparar sobre la butaca del dormitorio las prendas del día siguiente, los calcetines y la corbata a conjunto. Para otras, preparar la maleta si él tiene que emprender un viaje de trabajo.

Y bienvenida sea una mujer que consiga que funcione todo lo demás, lo que gira alrededor del hogar. Cuanto mejor sepa desenvolverse entre las tareas domésticas, hablar con los hijos, preparar deliciosos y rápidos menús para invitar a cenar a unos amigos en el último minuto y manejarse entre las reglas de la perfecta señora de la casa y las de aquella que se entrega a las tareas domésticas, tanto mayor será su éxito y tanto más será admirada.

Cuando llegó a las pantallas europeas, la serie *Mujeres desesperadas* suscitó de inmediato un considerable interés también por parte de las amas de casa, sobre todo a causa del provocador título acerca de su grado de frustración.

No cabe duda de que la categoría de las amas de casa ha expresado a menudo su «desesperación», aunque últimamente haya decidido levantar la cabeza, rechazándola con firmeza.

¿Desesperadas? ¿Por qué deberían estarlo? ¿Acaso no gira todo a su alrededor cual un planeta rodeado de satélites?

Asimismo hoy en día, con el cambio de generación, esta figura quiere renovarse todavía más, si cabe, porque ha aprendido que el amor no consiste sólo en servir. Es cierto que al hombre se le tiene que conquistar por el paladar pero también con los lazos del amor en la alcoba.

Por consiguiente, sí a la casa y a los hijos, no al estereotipo que reduce al ama de casa a una mujer de la limpieza. Algo equivalente a decir: la casa puede esperar, el gimnasio no.

El ama de casa quiere superar la prueba dentro de casa, por supuesto, pero también fuera en comparación con las demás mujeres. Conservarse guapa, estar al día acerca de lo que ocurre en el mundo, saber jugar al bridge, aplicarse alguna inyección de toxina botulínica, ya no es una prerrogativa exclusiva de la mujer trabajadora.

Por si fuera poco, últimamente las ocupaciones típicas de las amas de casa han dejado de ser una molestia para convertirse en una tendencia. El mundo estresado del trabajo las imita y elige como ejemplo para vivir mejor. ¡Seguro que no habréis pasado por alto las imágenes de divas de Hollywood como Julia Roberts o Cameron Diaz haciendo calceta para pasar el rato mientras esperan!

La nueva filosofía «tricot» parece ser que resulta más divertida que la zen.

Yo también, para mi pareja, me he dedicado a las

labores de punto. Hace unos cuantos años empecé a hacerle una bufanda monocolor de cincuenta centímetros de ancho. Ya estaba a punto de llegar a la longitud que él quería, aproximadamente dos metros y medio, cuando tuve que dejarlo porque entre nosotros... todo había terminado.

Tanto con calceta como sin ella, el ama de casa consigue en cualquier caso manejarse en todos los papeles que le son propios. Consejera, cocinera, geisha, tractor, amante, amiga, mamá, abuela, sirvienta, loca (si falta algo, añadidlo vosotras).

La celosa posesiva

> Los celos nacen con el amor, pero no mueren con él.
>
> FRANÇOIS DE LA ROCHEFOUCAULD

Su pareja se sentirá sin duda muy amada. La infinita inseguridad, la consiguiente búsqueda incesante de la tranquilidad afectiva, lleva a dejarse seducir por los celos.

Encontrar a alguien, hombre o mujer, que acepte este juego perverso es la linfa vital de un permanente estado de vilo. La oscilación entre el sufrimiento y la felicidad —¿me ama o me rehúye?— hará que este juego de seducción se convierta en algo muy pero que muy emocionante.

Este impulso es casi siempre el que induce a un hombre a unirse a una mujer celosa y posesiva. Por una parte, él cree que ella lo ama muchísimo y, por otra, este amor se traducirá en la certeza de que ella «no lo traicionará». Por lo demás, la compañera dará la clara impresión de vivir sólo para él y se lo demostrará a cada instante. Se entregará a kilométricas persecuciones, quizá disfrazada de detective con gafas y sombrero incluidos. Llamará al timbre del portal delante del cual él ha aparcado el coche para descubrir, en contra de sus insensatos temores, que él se encuentra allí con un compañero de trabajo o bien que está jugando a las cartas con unos amigos.

La celosa rebuscará constantemente en los bolsillos del amado en busca de la reveladora cuenta de un restaurante de lujo.

Llamará diez veces al día para preguntarle: «¿Qué haces? ¿Hoy qué has hecho? Y después, ¿qué harás? ¿A qué hora vuelves a casa? ¿A las siete o a las siete y cuarto?» Y, a cada ausencia suya, la atormentará la sospecha y mirará con malos ojos a todas las mujeres como si fueran sus posibles amantes.

Ni siquiera en presencia de sus amigas conseguirá relajarse y serenarse. Enseñará los dientes cada vez que éstas se acerquen demasiado a su hombre, temiendo que la mirada intercambiada entre su pareja y su amiga más querida se pueda transformar en otra cosa.

Al final, se desahogará y se producirá una trifulca.

Y todo eso a él le encantará; se sentirá amado, deseado, seducido, perseguido y situado en el centro del universo de su pareja.

A mí también me ha ocurrido. Fisgoneando en el neceser de mi «él», encontré un dentífrico *made in Germany*. Mi mente empezó inmediatamente a darle vueltas. «Dónde demonios habrá encontrado este dentífrico alemán de marca desconocida teniendo en cuenta que no ha viajado a Alemania en los últimos días», me preguntaba; pero, ante mis preguntas, él lo negaba todo con indiferencia. Las dudas empezaron a reconcomerme. En efecto, recientemente habíamos cenado con una chica alemana y su pareja. Me sentía la consabida mujer supercelosa, pero unos cuantos meses después él me confesó que tenía una amante alemana.

En cualquier caso, mantened bajo control vuestros alocados celos, procurad no pasaros de la raya, de lo contrario, lo único que podrá aliviaros será ¡una buena sesión de psicoanálisis!

La famosa

Famosa, *celebrity*, reina de la prensa rosa. Cualquiera que sea su calificativo, se trata sin duda de alguien que siempre ha hablado y seducido exclusivamente con el cuerpo.

El peligro es terminar como la Nola de *Match Point*, la película londinense de Woody Allen. En efecto, la guapa Scarlett Johansson, con un físico descaradamente sexy y sensual, consigue seducir al rico, triunfador y casado Chris. La pasión los arrastra y ella se queda embarazada, pero, naturalmente, al final, las cosas no le saldrán tan bien. Chris decide deshacerse del «problema Nola» porque llega a la conclusión de que no merece la pena cambiar su propia existencia, persiguiendo únicamente el perfume de la pasión. Así pues, Nola habrá fracasado en todos los frentes, perdiendo el derecho a ser respetada y valorada como ser humano y no como un objeto sexual que, cuando deja de gustar, se puede tirar. O peor, matar. Regresando a la famosa, no pretendemos en modo alguno echarle la culpa de que, desde siempre, el mercado la haya preferido muda y cautivadora, de que los encuadres de las cámaras televisivas se hayan limitado en general a los pechos, los largos muslos y la parte inferior de la espalda, en lugar de la sonrisa y los ojos. Está fuera de toda duda, sin embargo, que el poder de la seducción ejercido por el físico ha sido siempre muy elevado. Entre otras cosas porque el prejuicio más extendido suele señalar que quien tiene un cuerpo bonito no suele poseer una inteligencia brillante, por lo que los comentarios más benévolos son del tipo: «Ni siquiera consigue terminar un libro, pero sabe exactamente cómo introducirse en la cama de un jugador de fútbol», y cosas por el estilo.

¡Cuántos venenos para la venenosa famosa!

No son tan sólo los lugares comunes de los adultos los que la golpean sino que, a menudo, se convierte en el chivo expiatorio de jóvenes envidiosas y un tanto frustradas que no han tenido la misma suerte que ella.

¿Hábil? Qué va, simplemente tiene a su disposición un equipo que la construye a conciencia.

¿Bella? Lo serían casi todas con un pequeño retoque por aquí y otro por allá.

¿Ha encontrado al príncipe azul, joven, rico y famoso? A la fuerza el trinomio es siempre el mismo: famosa, jugador de fútbol y motores.

En cualquier caso, en 2008 celebrará los veinte años de profesión y cualquiera sabe de qué manera conseguirá asombrarnos. Tendrá que ser algo resplandeciente que la haga salir del tubo catódico juntamente con las últimas tendencias.

Su personaje se ha adaptado a los tiempos. Áspera en el físico, desinhibida delante de las cámaras de televisión, estajanovista de los teleascensos, ha aprendido a seducir a golpe de musicales taconeos y contoneos.

Lo único que no está adulterado es el frescor, directamente proporcional a su juventud.

¿Y eso no es un arte?

En cualquier caso, a pesar de la época de salvajes jubilaciones anticipadas, será difícil que el oficio de la famosa desaparezca del todo. Ha tenido demasiado éxito. A algunas les ha regalado el amor y a otras un pasaporte para la profesión. Y, entre éstas, alguna ha pagado los aranceles correspondientes y ha conseguido finalmente un papel hablado con el que poder demostrar que, aparte de las piernas, hay algo más.

La *single*

> Se ama sólo aquello que no se posee por entero.
>
> MARCEL PROUST

La *single* te seduce porque nunca sabes si decidirá aceptarte o no. Su indómita libertad fascina y hace emerger a la superficie la naturaleza depredadora del hombre. Un auténtico macho no puede aceptar sin más a una mujer que le diga: «Mira, tío, yo en tu vida estoy sólo de paso. Necesito mi libertad porque estoy llevando a cabo un trabajo de introspección acerca de mí misma y tú no estás previsto.» Él se quedará perplejo, se sentirá en cierto modo rechazado porque comprenderá que ella no es sensible a las habituales técnicas de caza. En efecto, el riesgo de no conseguir conquistar a la persona deseada, de no poder abrir una brecha en su independencia, posee un elevado potencial de seducción. ¿Qué puede haber más intrigante que el hecho de saber de antemano que se podría escapar de las manos cuando uno cree haberla atrapado?

Acerca de la fascinación imperecedera de la mujer libre ya he escrito un libro (*Single*, Sperling & Kupfer Editori, Milán, 2004), pero sólo tras la entusiasta respuesta y el interés de los lectores me he dado cuenta de haber tocado un nervio a flor de piel de nuestra sociedad.

¡Cómo gusta la mujer que se monta la vida por sí misma y se siente completa incluso sin la presencia de un hombre! La *single* ha recorrido un largo camino. Ha tenido que aprender a quererse, a ir a ver una película sin necesidad de pedirle a alguien que la acompañe, a entrar en un restaurante y pedirle al camarero una mesa para una persona. Se ha organizado la vida, ha tratado con amigos y asistido a fiestas y ha tenido también el valor de viajar siguiendo sus propios pasos.

Ha sido fiel a sí misma tras haberse conocido. Ha aprendido a distinguir sus propios deseos de los de los demás, ha adquirido confianza con opciones autónomas. Ha empezado a reconocer la voz de su personalísimo Pepito Grillo. Poco a poco ha comprendido quién era y qué quería.

Lo dijo hasta Gandhi: «Quien pierde su individualidad, lo pierde todo.»

Puede que la *single* no lo supiera cuando emprendió aquel camino, pero ahora lo tiene claro.

Por este motivo existen *singles* satisfechas sólo por el simple hecho de haber tenido el valor de elegir esta opción.

Desde fuera puede parecer fácil, pero cualquiera que haya experimentado el paso a esta condición conoce los temores que hay que alejar, las dudas que hay que aclarar, la soledad que hay que aceptar. Y sabe lo agotador que resulta tener que justificar hasta la menor de las acciones ante los demás. Es consciente del esfuerzo que hacen muchos por desmontar sus certezas.

Hace años la situación era todavía peor. La mujer que vivía sola era considerada una víctima de una enfermedad contagiosa, como si fuera una persona a la que hubiera que temer y mantener a distancia. E incluso a la que hubiera que derrotar para siempre. Hoy la *single* ha tenido su revancha.

Si verdaderamente no entendéis qué es lo que resulta tan seductor en el hecho de estar solos es porque jamás habéis experimentado la maravillosa sensación de saber que nadie excepto vosotros mete las manos en vuestros armarios o revuelve vuestros cajones, de encontrar un objeto exactamente en el lugar donde lo habíais dejado...

Sólo quien haya conocido lo que significa sentirse asfixiado a causa de los espacios usurpados por los demás queda fascinado por el poder de la libertad, por la encantadora escena que surge de la contemplación de una *single*.

¿Qué importa que los demás piensen que en la intimidad de las cuatro paredes la única comunicación verbal que la *single* podrá ejercer será con peludos cuadrúpedos? ¿O que la afición a los gruesos jerséis apilados y clasificados según el color se considere una manía obsesiva?

Será uno de los precios que la *single* tendrá que pagar, pero lo habrá elegido ella sola de manera proporcionada a sus fuerzas y a su personalidad. Y nadie le pedirá cuentas por ello.

La divorciada

El *charme* de la divorciada es imperecedero. Es una mujer que, tras haber salido de una situación complicada, desea con todas sus fuerzas volver a apoderarse de la vida y divertirse.

En este mundo en cualquier caso machista, alguien podrá calificarla de conquista fácil, pero a ella le importa un bledo porque ha madurado una experiencia de vida que la sostiene.

Lo primero que hará tras haber recuperado la libertad, tanto si la situación la ha elegido ella como si la ha sufrido, será reorganizarse.

En cuanto lo consiga, y en cuanto los posibles hijos se hayan encauzado hacia una nueva rutina, se dispondrá a vivir una relación de manera más libre y despreocupada.

Al final se pondrá guapa y volverá a permitir que el mundo masculino gire a su alrededor como las moscas sobre un panal.

Recuerdo a una amiga mía. Estábamos juntas en una fiesta. Mientras conversábamos animadamente con una copa de champán en la mano, se acercó un desconocido. Era un cincuentón alto y bien parecido. Iba vestido de manera informal, pero las prendas, desde el jersey beis hasta los pantalones de lana de vicuña en tono matizado, eran de alta calidad. Después de unas primeras palabras de cortesía, yo me aparté porque estaba claro que el objeto de su atención era ella.

Mientras me distraía en compañía de otros amigos, los miraba de vez en cuando. Ella sonreía, coqueta y donairosa. Estaba guapísima y nuevamente en forma, incluso desde el punto de vista físico, después del abandono y el desaliño consiguientes al divorcio.

Cuando nos reunimos en el coche, me contó su velada. La conversación había adquirido un aire distinto nada más decir ella que estaba divorciada. Hasta aquel momento, todo había girado en torno a cuestiones generales. Después, en cambio, ambos descubrieron que incluso se conocían del bachillerato, pero sus caminos habían seguido direcciones opuestas. Ambos se habían casado, si bien él no tenía hijos. Aquella fiesta volvió a unir sus existencias. Hace algún tiempo que no la veo y no sé en qué punto se encuentra ahora su historia.

Pero una cosa aprendí observando a mi amiga: cuando estamos enfadados con el mundo, resulta imposible expresar las propias dotes seductoras. La divorciada tranquila tiene una gran facilidad para volver a sintonizar con los demás y entrar de nuevo en contacto con lo que la rodea. Tras haber sufrido, está más dispuesta a abrirse al mundo.

El término de una relación importante constituye una especie de infierno, puede agostar proyectos e ilusiones. Por regla general, la divorciada ha tenido el valor de poner la palabra «fin» a sus sueños juveniles. Ha llevado a cabo un amplio cambio de rumbo y ha soltado muchos lastres. Y precisamente porque se siente fluctuar sin pesos ni ataduras puede finalmente volver a soñar, intentar cumplir sus deseos insatisfechos e incluso encontrar al hombre de su vida.

Por consiguiente, sus armas de seducción más eficaces, aunque perfeccionadas por los acontecimientos y afiladas por relaciones de guerrilla urbana, serán precisamente la ligereza y el afán de diversión que se renovarán a cada sonrisa.

Incluso dirigida a su propio ex marido que, entretanto, habrá vuelto a acercarse a ella, picado por la curiosidad de conocer a aquella nueva mujer.

La vegetariana

Las vegetarianas parecen mujeres frágiles e indefensas, pero utilizan su convicción como un escudo para hechizar a los demás. Estamos tan poco acostumbrados a ver a las personas combatir por algo, que admiramos instintivamente a aquellas que están dispuestas a hacerlo. Lo que seduce en ella es la fuerza de las ideas, el empeño en declarar su alejamiento del canibalismo menor. Y, aunque la dieta que siga sea excelente, ella siempre parece más delicada que sus congéneres. Raras veces presenta aquella bonita tez rubicunda que garantiza (aunque a veces sólo sea una fachada) el llamado efecto rebosante de salud.

Yo también fui vegetariana durante un tiempo y recuerdo que el hecho de averiguar los motivos de semejante opción se convertía para los demás en el eje de la conversación de todas las comidas. Cuando me invitaban al restaurante, todo iba bien hasta que los demás observaban mi rechazo en presencia de la carne. A partir de aquel momento, mi interlocutor, quienquiera que fuese, se entregaba de inmediato a darme una especie de lección acerca de los saludables beneficios de los alimentos. Todos se erigían en doctos especialistas en nutrición y pontificaban acerca de las cosas que podían resultar perjudiciales y las que eran beneficiosas, y así sucesivamente. Un tratado de medicina en lugar de una normal reunión entre amigos.

Confieso que dejé de ser vegetariana entre otras cosas porque me resultaba demasiado complicado tener que dar constantemente explicaciones y ya no me apetecía sentirme objeto de atenciones unidireccionales. Bien mirado, puede que el mío haya sido más que nada un paso de reflexión hacia una existencia más espiritual.

En efecto, la mujer vegetariana extiende casi siempre su batalla a otros frentes. A menudo la *vegetarianomanía* se desborda y la correspondiente seducción se expresa a través de otros hábitos a menudo exótico-orientales.

Al entrar en la casa de una vegetariana se podría uno encontrar con música étnica evocadora de lejanas atmósferas. En un rincón siempre habrá un palito de incienso encendido. En otro guiñará el ojo una vela antihumo o aromática que os hipnotizará con la magia de una llama de colores cambiantes.

Os dejaréis seducir por un delicado aroma que se extenderá por todas partes (a veces hasta el extremo de provocaros mareos). La vegetariana aprende a utilizar las técnicas más dispares en su búsqueda de la armonía. Utilizará las propiedades de las esencias naturales para purificar el ambiente. Tarde o temprano amueblará sus habitaciones basándose en el *feng shui*, una técnica que restablece el equilibrio entre las energías.

Utilizará la cromoterapia para calmar los dolores: el rojo para recuperar la fuerza, el azul para serenar el ánimo. Sabrá aportar sugerencias alternativas a la medicina oficial sin desdeñar los sabios remedios de la abuela o las antiguas fórmulas de los monjes del templo Shaolín.

Y jamás de los jamases comprará pieles, bolsos de cuero, cinturones de serpiente pitón o cualquier otro accesorio fabricado con sufrimiento animal.

Por lo que a mí respecta, acabé incluso en la cárcel por haber participado, en calidad de defensora de los animales, en una manifestación en contra de la Feria de la Piel de Milán. Me detuvieron y me llevaron a la jefatura superior de policía donde tuve que pasar por el papeleo de la identificación y los datos personales antes de que me soltaran con un apercibimiento.

¿Cómo reaccionan los hombres cuando se tropiezan con una vegetariana?

Al principio puede que se sientan desorientados, pero después se acostumbran a tener una mujer especial que se codea con gente alternativa.

Todo eso siempre y cuando la vegetariana no trate de imponer su filosofía a todos los que la rodean y sea simplemente una persona con un rico mundo interior.

Seductores

El hombre de uniforme

Es el hombre que transmite integridad y sobriedad, unas cualidades que seducen a muchas mujeres.

Si a ello se añade que en el imaginario habitual —sólo en el imaginario, que conste— es un hombre que no traiciona jamás, el éxito está asegurado.

Desde el policía al bombero, desde el marino al piloto de aviación, es innegable que este *charme* va más allá de la prenda porque es la expresión de la virilidad y la masculinidad.

Y el uniforme se convierte sólo en el instrumento que le permite distinguirse de los demás hombres. Toda su fuerza de seducción se encierra en una sola palabra, una insólita cualidad que le reconocemos de manera instintiva: el valor. En un mundo en el que reina la incertidumbre, bienvenido sea alguien que esté dispuesto a salvar vidas o gestionar una situación de emergencia.

Jamás he tenido una historia con hombres de uniforme, ni siquiera con el *carabiniere* acerca del cual leeréis más adelante. Y por más que reconozca no sentirme atraída por ellos, sé por experiencia directa que el uniforme da la campanada.

Recuerdo la curiosa reacción de una querida amiga norteamericana unos cuantos años atrás.

Estaba con ella en mi casa de campo a una hora de Nueva York, exactamente en Hudson River. Ya era casi la hora del almuerzo y yo estaba preparando un buen pollo asado. Nos sentaríamos a la mesa en cuestión de minutos y había puesto el horno al mínimo para que se dorara la piel. Puesto que habíamos pasado a la estancia contigua para tomar el aperitivo, no reparé en que el líquido se había evaporado y estaba empezando a salir humo. Y entonces se disparó la alarma conectada con la central de bomberos. Nos los encontramos en casa en cuestión de un cuarto de hora. En medio del revuelo general, me precipité a apagar el horno y poner en marcha, aunque fuera con retraso, el sistema de ventilación así como a echar agua sobre el pollo y abrir las ventanas de la cocina.

Al mismo tiempo observé que mi amiga había salido disparada como yo. Observándola con el rabillo del ojo me di cuenta de que no se preocupaba en absoluto por el humo y el pollo: lo que de verdad le interesaba era encontrar el neceser del maquillaje, abrir la puerta del cuarto de baño y situarse de inmediato delante del espejo para aplicarse una capa de maquillaje y sombra de ojos. Cuando, al regresar a la cocina, le pregunté cómo era posible que ante un posible incendio ella sólo pensase en maquillarse, me contestó que los bomberos son unos hombres guapísimos y ella no había querido perderse una valiosa ocasión.

El playboy

Hay dos cosas que siempre he amado con locura: las mujeres y la soltería.

SEBASTIAN-ROCHE-NICOLAS DE CHAMFORT

Cuando Christian Barnard, célebre cirujano especializado en cardiología, conoció en el transcurso de una fiesta de la *jet set* internacional a Günther Sachs, ex marido de Brigitte Bardot, playboy y millonario, le estrechó la mano y le dijo con simpatía: «Nosotros dos tenemos algo en común: usted rompe los corazones y yo los arreglo.»

El mundo de los trasplantes rió de buena gana y extendió por doquier el eco del ingenioso comentario.

Con aquella frase cortante el profesor nos regaló una vistosa pincelada acerca de la categoría del playboy.

Günther, en cuestión de conquistas, era insuperable; sabía cómo actuar para despertar el asombro de la mujer a la que pretendía seducir. Una vez, para sorprender a B.B., adquirió mil rosas rojas, fue al aeropuerto de Niza y convenció a un piloto de helicópteros de que sobrevolara su chalé de Saint Tropez para que se las hiciera llover directamente desde el cielo.

Tal como decía Barnard, un playboy puede destrozarte el corazón y, por consiguiente, es lícito y se da por sentado que eso ocurra; pero, a pesar del riesgo, la mujer que se tropieza con un playboy estará dispuesta a dejarse seducir de todos modos. Tarde o temprano, se dice ésta, abandonará el hábito. Y puede que incluso se enamore.

Sólo las más racionales harán todo lo posible para no ser la siguiente, pero es inevitable que alguna de ellas siga interpretando el papel.

El playboy marcó la época de los años setenta y sus gestas amatorias se transmitieron de boca en boca para convertirse en leyenda. Y, aunque su imagen todavía sea eficaz y él jamás haya experimentado la necesidad de renovarse por entero, no cabe duda de que ha tenido que afinar un poco la puntería.

Hoy se le ve más bien como un libertino mientras que en el pasado era considerado sobre todo un aventurero.

El playboy experimenta la necesidad de no permitir que se marchiten los entusiasmos, de renovarlos constantemente, y ha aprendido a hacerlo alimentándose del estupor que sabe suscitar en los demás.

Yo tengo un amigo así. Es un hombre muy culto y, *ça va sans dire*, no menos apuesto. Y es supermundano. Con él jamás corres el riesgo de aburrirte; pasas de una fiesta a otra, del Club 54 de Nueva York al Buddha Bar de París. Te presenta sin cesar gente nueva y siempre interesante.

Tiene mil ideas acerca de cómo pasar el rato y te aproxima a las modas más locas y desenfrenadas de los locales *in* del momento. Consigue ser elegante incluso con vaqueros y camiseta y sabe lucir una chaqueta sin corbata. Así me conquistó. Sin ser cursi, sin enviar notitas empalagosas ni ramos de flores. Una invitación al teatro con previo aperitivo y el restaurante adecuado después, una improvisada visita nocturna en el ámbito de la sociedad más influyente... Nuestras jornadas transcurrían como si fuéramos bolitas enloquecidas en el interior de un *flipper* lleno de luces. Me arremolinaba en su estela y me divertía mucho.

Mi playboy se llama Peter y tiene en sus ojos el mismo color azul de un limpio cielo primaveral. Conoce perfectamente a las mujeres, incluso en su más profunda intimidad. Hasta el extremo de soltarte de inmediato como intentes fingir en la cama. Le basta con permanecer inmóvil para atraerte. Siempre me ha hecho pensar en la fuerza de un poderoso imán al que no puedo oponer resistencia.

¿Duró poco? No me lo he preguntado.

He dado vueltas en la montaña rusa de la pasión arrastrada por su *charme*, he conocido la belleza seductora del torbellino de una galantería lista para usar.

¿Y qué importa si cuando se repasa la historia de los más grandes seductores algunas puedan preferir la torpeza? Giacomo Casanova y Don Juan parece ser que eran unos narcisos incapaces de amar. Lo explicaba muy bien Kierkegaard que, tal vez reconociéndose en esta categoría, tuvo ocasión de confesar en uno de sus escritos: «Amar a muchas mujeres es una especie de amor desgraciado.»

¿Tenía razón?

Quien haya tenido una relación con un playboy sabe que en aquel momento voló muy alto y, aunque la caída pudiera ser devastadora, mereció la pena.

El intelectual

Es el hombre que prefiero porque te envuelve en su pensamiento. Para él eres una materia maleable que se puede plasmar y hechizar con la cultura. El cómo lo hace no es ciertamente un misterio. El intelectual te habla de la vida echando mano del conocimiento. Sabe seducirte a base de citas y aforismos porque en cada acontecimiento cotidiano consigue encontrar una conexión cultural o una referencia histórica. Estar a su lado resulta agradable y, al mismo tiempo, instructivo. Es como si te regalara una lente distinta con la cual contemplar el mundo.

No por casualidad Proust escribió que «el verdadero viaje de descubrimiento no consiste en buscar nuevos horizontes sino en tener unos ojos nuevos».

Podrás conquistarlo, por supuesto, pero mejor que lo comprendas enseguida: serás siempre la número dos. Experimentará el efecto de tu fascinación, pero de manera indirecta. Por otra parte, el intelectual vive en su propia dimensión aunque tenga a su espalda una considerable densidad y no ciertamente el vacío. Es un hombre que ha vivido de la sabiduría de los libros y que, si se tropieza con una tienda de antigüedades en la que jamás ha entrado o con un festín de monedas antiguas no catalogadas, se detiene y se toma el tiempo necesario para disfrutar de estos encuentros. Un tiempo que él quiere administrar persiguiendo los aromas de la cultura.

A menudo tiene también una cautivadora manera de presentarse. Lleva siempre un libro entre las manos. Raras veces un bolígrafo, ése lo pide prestado.

Casi nunca lleva consigo una maletita, es más, anda siempre en busca de alguna bolsa donde poner sus cosas o de una silla donde dejarlas olvidadas.

Con aquellas gafitas sobre la nariz, con sus prendas

quizás un poco anticuadas, con su extraño peinado, tal vez te induzca a dudar de que esté verdaderamente interesado por ti.

Por otra parte, ejerce una clase de seducción en la cual la fuerza de la mente supera con creces a la del físico.

Una prueba evidente de ello la constituye una pareja de amigos míos. Ella es española, profesora universitaria de literatura, y es tan guapa que parece recién salida del plató de una película de Almodóvar. Él es mucho menos adonis: más bien bajito, de nariz pronunciada y, sin embargo, su fascinación ha triunfado allí donde hombres apuestos han fallado por completo: conquistar a Paula. Ella lo ha preferido a los demás y se considera afortunada por el hecho de haber sido elegida por él.

En efecto, para apreciar a un intelectual tienes que estar predispuesta, tienes que desearlo. Muchas mujeres podrían encontrarlo extremadamente aburrido, independientemente de la edad. Hay que tener ganas de beber directamente de la fuente de su cultura, estar dispuestas a crecer a través del condicionamiento de una personalidad plena.

Hasta mediados del siglo pasado era difícil conocer a un intelectual a menos que se formara parte de su mundo. Hoy es más fácil y todos los organizadores de eventos lo buscan como invitado respetable.

Cuando el verdadero intelectual empieza a hablar, se

le reconoce enseguida. Atrae las orejas como un imán, despertando la función principal del sentido, y fomenta la conversación.

Si tenéis a alguno como amigo o compañero, no os toméis a mal que se olvide de vuestro cumpleaños. Para él vosotras no envejecéis jamás.

Son otras las arrugas que le interesan: las de la filosofía y el arte, por ejemplo, que lo inducen a desdeñar los pequeños detalles de la cotidianidad.

El empresario

Me contemplo reflejada en el portal del gran edificio; el rápido vistazo me devuelve una imagen que me satisface. Y decido entrar. En la portería me preguntan los datos personales y el nombre de la persona con quien tengo una cita de trabajo. Cuando comprenden que se trata del «presidente», casi se cuadran, adoptan una actitud reverente y me dicen que suba al primer piso. Tras recorrer un largo pasillo llego al despacho de una auxiliar. Se me acerca una mujer elegante: el portero le ha anunciado de antemano mi llegada. Me explica que tengo que subir al undécimo piso y preguntar por Marta, la secretaria personal del *dottore*. Me acompaña al ascensor y, antes de despedirse, me anticipa que anunciará mi llegada. Cuando se vuelven a abrir las puertas del ascensor, me recibe un ambiente muy refinado: muebles de alto diseño en perfecto orden. La placa de latón con el nombre y la calificación grabados, junto con las indicaciones de la auxiliar, me señalan el camino.

Ella ya me está esperando sentada detrás de su escritorio. Se levanta inmediatamente y, con una ancha y cordial sonrisa en los labios, me explica que en cuestión de pocos segundos seré recibida. Entretanto, me acompaña a la contigua salita de espera. Miro en derredor. El ambiente es luminoso y un buen perfume de flores campestres llena la estancia. Me siento en el sofá y espero. Son casi las 10.30, la hora concertada. A los pocos segundos reaparece Marta para decirme que el presidente me espera. Consulto la hora. Es puntual al segundo. Mientras avanzo, pienso con asombro que es difícil encontrar a un hombre tan puntual en el vértice de una empresa, con una agenda superapretada. Demuestra respetar también mi tiempo.

Lo demás rayó a la misma altura.

Me encontré delante de un hombre muy guapo. Magnéticos ojos azules, una pipa en la mano, en el aire aquel buen perfume de tabaco. Me quedé muda. Aparte de ser enormemente guapo, tenía modales refinados. Me llenó de cumplidos sin pasarse y sin ponerme en un apuro.

—Dado el asunto que nos ocupa, pensaba que me las tendría que ver con una mujer madura. Y, en cambio, tengo la impresión de encontrarme en presencia de alguien que es poco más que una chiquilla. ¿Cuál es su secreto para mantenerse en forma?

Aquella mirada me penetraba. Me quitaba la fuerza de mirarlo fijamente y de hablar, hasta el extremo de que había olvidado la mitad de las cosas que tenía que decir. He aquí a un hombre visiblemente poderoso, que sabe que lo es pero no se muestra arrogante, me dije.

En aquel enorme edificio en el corazón de una *city* cosmopolita, en su despacho de cristal decorado con clase, algo se disparó. Y después de la cita de trabajo, llegó la privada.

Me vuelve a la memoria el paseo marítimo mientras contemplábamos los escaparates tomados de la mano; yo manifestando mi admiración por una joya antigua, mientras permanecemos tiernamente abrazados delante de un escaparate y un sol tibio asoma entre las nubes. Todo perfecto. La llegada a su lujoso chalé, donde tiene que despachar un asunto para que podamos reunirnos unas horas después a la hora del desayuno. Yo que me entretengo con los preparativos y después, casi a la hora acordada, lo busco sin encontrarlo. El mayordomo me hace saber que ha salido pero no tardará en regresar. Cuando al fin aparece, observo que sujeta en el puño un pequeño estuche atado con una cinta.

—Es para ti —me dice.

Dentro se encuentra la espléndida pulsera que habíamos visto esa mañana, precisamente aquella que llamó mi atención en el escaparate de la tienda de antigüedades.

Para mí, éste es el empresario *top class*.

Claro que, si eres su pareja, te dedicará poco tiempo, pero el que ponga a tu disposición tendrá un elevado valor y estará constelado de agradables atenciones: joyas, románticos fines de semana... Por otra parte, el empresario convierte el dinero en su punto de atracción. Y te seduce así, involucrándote en sus *hobbys* exclusivos, ofreciéndote vacaciones en lujosas *beauty farms* o en los lugares más exóticos del planeta.

Es verdad que el dinero no hace la felicidad, pero ayuda. Aunque, añado yo, hay que exhibirlo con naturalidad.

El nuevo dandy

Es el químico del perfeccionismo. Un hombre aristocrático al que le gusta combinar las fórmulas mezclando los elementos básicos de aquello que se puede definir como bello.

El dandy vive una existencia enmarcada por una estética cuyo *leitmotiv* es la belleza.

Cuando un dandy pretende seducir a una mujer, lo hace seduciéndose a sí mismo. Y, en la práctica, la sorprende.

En este sentido es un hombre maniático. Busca el blasón de lo impecable. Si te invita a cenar a su casa, se lo juega todo a la perfección.

Te recibe con un pañuelo en el bolsillo superior de la chaqueta y una gardenia en el ojal. ¿Cómo podría no llevarla? Es su signo distintivo. Y este detalle ya te revela su mundo, su amor por el adorno que tiene que estar en sincronía con el concepto de belleza. Un símbolo bello y perfumado tal como él querría que fuese la vida, una flor que nace en la tierra pero que se eleva delicadamente hacia lo alto.

La velada será perfecta desde el principio. Te abrirá la puerta el mayordomo y, al entrar, te saltarán inmediatamente a la vista los detalles. En la mesa los cartelitos con los nombres de los comensales en relieve, la combinación de platos y cubiertos, una refinada mantelería bordada, con las servilletas dobladas de manera original. Y, si es un auténtico dandy, no faltará en el centro de la mesa un ramillete de rosas blancas. Puede que él se retrase y se haga desear antes de aparecer mientras lo esperas sentada en el sofá, mirando a tu alrededor y preguntándote si llevas el vestido adecuado o si combina con la tapicería.

Por regla general, el dandy suele ser también un experto en vinos. Os explicará todo acerca de la temperatura ideal para beberlo, los métodos de refinamiento y las mejores bodegas. En un rincón, sobre el correspondiente carrito, habrá unas botellas con la cosecha bien a la vista. Y, si el menú exige blancos, no faltará la cubitera para mantenerlos fríos.

Su desafío será siempre dejarse seducir por la vida y a él se podrá aplicar este poema de Constantinos Kavafis: «Que el anuncio de un fuerte amor provoque estremecimientos y temblores al esteta. Sin embargo, que éste recuerde, feliz, aquello que le deparó la fantasía: la voluptuosidad primordial. Después, todo lo demás serán cosas sin importancia sabidas y halladas, tocadas y reales. De tales amores jamás se carece.»

El padre *single*

Si verdaderamente no los tenéis, podríais recurrir al expediente utilizado por Will en la novela *Érase una vez un padre* de Nick Hornby que, cuando descubre hasta qué punto los grupos de ayuda para padres *singles* constituyen un fértil terreno de caza, simula ser un padre. En resumen, una petición «específica» que podría sonar a algo así como: «¿Me prestas a tu hijo, por favor? En el parque hay una que me gusta.»

El padre *single* seduce echando mano de la ternura y el afecto, dejando traslucir la imagen de hombre completo. Llama la atención por su capacidad de ofrecer protección y dulzura.

Y la mujer caerá en la tentación de pensar que podrá hacer lo mismo con ella, pero no será así. El padre *single* no sólo no tendrá tiempo de cortejaros sino que, aunque consiguiera hacerlo, no os podría dedicar ningún espacio. Durante los fines de semana tendrá que ocuparse de los hijos, y las fiestas tradicionales siempre estarán destinadas a celebrar la escena del «qué bien estamos juntos todavía».

Para un hombre la paternidad es una adquisición cultural; para las mujeres es un hecho instintivo. El padre *single* gusta precisamente por eso. Haciendo de «mamá», pone en juego todo su ser y libera ciertos aspectos de su afectividad que a aquellos que no son padres les cuesta mucho conseguir. En efecto, no sólo muestra lo exterior sino también lo interior; no sólo la parte masculina sino también la femenina.

Podrá, por ejemplo, permitirse el lujo de mostrarse débil sin serlo necesariamente. Y cuando el hombre se empeña en desarrollar tareas ajenas a las que son propias del varón, como consecuencia también del esfuerzo que le ha costado, lo hace estupendamente bien. Y en muchos casos se las arregla mejor que una mujer.

Tengo un amigo que se ha quedado sin pareja. Superorganizado y afectuoso, no sólo ha empezado de inmediato con buen pie, no sólo ha conseguido conservar el trabajo y cambiar su existencia adaptándola a las nuevas responsabilidades sino que, además, le ha encantado este papel.

Gracias a esta experiencia ha encontrado la parte de sí mismo que no pudo manifestar en su infancia y la ha transmitido a su hijo. Jamás lo he oído quejarse a pesar de que su vida ha cambiado profundamente. Afirma, y lo demuestra con los hechos, que este hijo lo compensa de todos los sacrificios.

Dirigíos al chiquillo, alborotadle el cabello, devolvedle la pelota que ha ido a parar lejos, preguntadle cómo se llama, cuántos años tiene...

Y esperad la respuesta clavando la mirada en la suya. La del padre, naturalmente.

El gay

Con nadie como un amigo gay resulta divertido hablar de una aventura reciente o de la cena de la víspera. Es agradable saber que se puede utilizar el comentario más crudo sin que se produzca un malentendido. Es maravilloso poder abrazarlo con entusiasmo sin preocuparse por la posibilidad de una insinuación. ¡Y cuánta comprensión cuando se les habla de aquellos problemas que otros hombres (los menos atentos) despacharían calificándolos de asuntos de pobres mujeres!

Con él se dispara inmediatamente una sintonía y esto basta para conquistarte, aunque tú jamás consigas entrar en su mundo ni llegar a conocerlo a fondo. El misterio siempre formará parte de su vida y raramente te contará cosas de su lecho.

Tal vez en eso es un hombre exactamente como todos los demás.

Sin embargo, el gay está dotado de unas antenas especiales. Percibe enseguida tu depresión o si acabas de llorar. Lee tu estado de ánimo mejor que muchas amigas. Si tus penas son de amor, consigue ofrecerte el medio adecuado para vengarte de aquel que tanto te ha hecho sufrir.

Y, si quieres pasar un domingo divertido, acude con él a un centro termal a la última. Permanecer en remojo en el agua charlando tranquilamente, entrar en la sauna juntos para después reír con sus despiadados e hilarantes comentarios acerca de las personas presentes, pedir un masaje en estancias contiguas para escuchar las insinuaciones lanzadas al masajista, puede convertir una jornada en un recuerdo memorable.

En cualquier caso, desde hace algunos años el mundo hetero y el homo están cada vez más cercanos. ¿Cuántos heterosexuales hoy en día parecen más gays que los gays? Perfumes, cremitas y joyas invaden las casas de los hombres, llenando sus armarios y maletines.

Cabe suponer que si Inglaterra recordaba hasta ayer mismo la boda de Carlos y Diana como la boda del siglo, ahora recordará la de Elton John, la *queen mom* del pop, que en diciembre de 2005 se casó (precisamente en Windsor) con su pareja canadiense David Furnish. No cabe duda de que entre ellos el alcahuete fue el juego de las miradas. En efecto, en mayor medida que en otras categorías, los gays utilizan para elegirse el acto de mirar. Éste sirve de inmediato para romper las barreras, lo cual permitirá a su vez que ambos se reconozcan. Y en ese momento se amarán o se odiarán sin medias tintas.

Por último, con la nueva elección de la no ostentación, resulta tan poco evidente su condición de varones seductores en comparación con los demás que muchas mujeres caen víctimas de su fascinación.

«Qué lástima, qué pedazo de hombre nos hemos perdido», dicen después, sinceramente apenadas.

Y si se calcula que numéricamente somos mayoría, no tenemos muchos motivos para alegrarnos. ¿Pero será verdad que por cada hombre hay siete mujeres? ¿O ya son más?

Por consiguiente, aunque nos gusten los homosexuales, que los heteros lo sigan siendo. ¡Por favor!

Seductores, de ninguna manera

Las expectativas con respecto al otro pueden sorprendernos de manera negativa, y a veces sucede que nuestra frágil sensibilidad se resiente por algo: la ausencia de una señal, un llanto fuera de lugar, un gesto inoportuno... Por ejemplo, pedir la cuenta para poder deducirla en la declaración de la renta o sacar un pañuelo sucio y arrugado para secarse la frente empapada de sudor. O bien el comportamiento de algunas mujeres que, cuando quieren a alguien, se vuelven demasiado agresivas y prepotentes.

¡Cuántos deslices hacia aquello que no seduce!

De vez en cuando, el hecho de no ir con cuidado podría significar ir más allá, no detenerse en presencia de los detalles que nos molestan. Recuerdo que en una ocasión, tras una excelente cena en un restaurante japonés —sushi y tempura, acompañados por sake y té verde—

con un amigo al que acababa de conocer durante un aperitivo celebrado en un local de moda, subí a su casa con la intención de beber una tisana. Me quité el abrigo y me retiré unos segundos para ir a retocarme el maquillaje y el peinado. Estaba tranquila y relajada, la velada había resultado muy agradable. Mientras salía del cuarto de baño, pensé en la tisana que iba a elegir; lo busqué, pero él no estaba. Lo encontré en el dormitorio, esperándome desnudo bajo las sábanas. No me demoré ni un minuto. Debió de oír la puerta al cerrarse a mi espalda y darse cuenta de que su comportamiento no había sido precisamente el más apropiado.

Otra cosa bastante embarazosa es recibir una invitación a una casa y, una vez allí, descubrir que era «para dos»: tú y otra persona. Ver el trío y buscar un buen pretexto para largarse será una misma cosa.

Con Maurizio la cosa fue distinta. Era un amigo que estimulaba mi fantasía. Una noche subimos a mi casa y nada más entrar me pidió un whisky con mucho, mucho hielo, puntualizó. Mientras se lo preparaba, él ya había centrado su interés en mi colección de discos de música clásica. Tras elegir *La Traviata* de Verdi, la puso a un volumen tan alto que no había manera de hablar.

Permanecimos en silencio. Entretanto, él se había tumbado en el sofá con el vaso en la mano y los ojos entornados con expresión soñadora mientras yo paseaba por la casa sin saber qué hacer. Se pasó en estado hipnótico más de un cuarto de hora. Cuanto más lo miraba, más estúpida me sentía yo por haber esperado ya no digo complicidad sino simplemente un poco de *feeling*. Al final, intentó incluso besarme, pero yo puse un poco más de hielo. Entre él y yo, se entiende.

Con Romualde nos habíamos conocido en Nueva York. Era uruguayo, propietario de una gran empresa hortofrutícola. Simpático y con aquel acento sudamericano que tanto me divierte porque suena siempre optimista. Cuando me invitó a ir a verlo a Montevideo, le contesté que tarde o temprano lo haría. Al regresar a Florencia, recibí dos cestas de fruta de una empresa de Montevideo. Estaba claro que era él.

Tal vez con aquel obsequio quería recordarme el compromiso adquirido. Eran unas cestas enormes y muy bien preparadas y estaban llenas a rebosar de un solo tipo de fruta: decenas y decenas de bananas. Jamás supe si fue una broma o si había en ello un doble sentido. Borré su número de mi agenda.

Cuando ella seduce a ella

Me ocurre a menudo que seduzco a una «ella», a pesar de que mi interés se dirige siempre y exclusivamente a los hombres.

Pero puede suceder que atraigas a otra mujer, que tal vez es una amiga. Te das cuenta de que te imita, que empieza a adoptar tu estilo de vestir, tu peinado: te pregunta dónde has encontrado aquel perfume tan original, dónde te hacen los masajes; se hace socia de tu mismo gimnasio para mantenerse en forma. Le encanta cómo eres, tu carácter, cómo sabes organizarte la vida; desde el vehículo utilitario que conduces hasta el último modelo de cocina que has elegido para tu casa en el campo.

Se identifica hasta tal punto contigo que parece que te esté adulando.

Le gusta cómo te ríes, con esa manera tuya de echar

la cabeza hacia atrás y encogerte ligeramente de hombros, cómo utilizas el sentido del humor para ironizar acerca de algo que se ha torcido, cómo la consuelas tratando de minimizar sus fracasos.

Dejarse seducir por una amiga tiene un sabor totalmente distinto. Hay más intimidad en las palabras que en los hechos, más atracción por similitud que por diferencia, más seducción por el hecho de compartir que por curiosidad.

A mí personalmente no me desagrada ser consciente de que una mujer está experimentando los efectos de mi fascinación; es más, me siento gratificada.

Sin embargo, poquito a poco ella entrará totalmente en tu existencia y habrás sido tú quien le haya abierto la puerta principal. Te la habrás llevado a cenas con amigos, la habrás invitado a un fin de semana al que os habían invitado a ti y a tu pareja y, de manera natural y espontánea, tus amistades se convertirán también en las suyas.

Sólo en ese momento te darás cuenta de que en los últimos meses tu querida amiga ha sido tu sombra y tú te has convertido en su punto de referencia en todo.

Hasta el extremo de que, al final, acabará gustándole tu hombre y, en cuanto pueda, te lo birlará. A mí me ha ocurrido.

Ellos, seducidos y abandonados por mí

En este capítulo y en el siguiente me expondré por completo porque os voy a contar cómo he «seducido y abandonado» y cómo he sido, a mi vez, «seducida y abandonada».

Abandonar es siempre menos doloroso que ser abandonado, aunque el hecho de decirle no a una persona enamorada nunca es fácil y exige siempre una gran delicadeza. Empecemos por tanto con el papel de la seductora.

Bye bye, Manila

Lo voy a llamar Juan Carlos. Es el nombre imaginario de un filipino de origen español, rico terrateniente y jugador de polo conocido hace muchos años en Manila.

La capital de Filipinas es una moderna metrópoli, resultado de la destrucción prácticamente total experimentada durante la Segunda Guerra Mundial, pero que aún conserva algunas ruinas coloniales interesantes.

El nuestro fue un encuentro casual; creo que me lo presentaron precisamente en el transcurso de una visita a un museo. El hecho de que no esté muy segura de cómo nos conocimos revela incluso ahora lo poco que me impliqué en el asunto.

Me enviaba a recoger al hotel con un chófer, pero yo valoro mi libertad, por lo que le daba las gracias y siempre prefería el *rickshaw*. Creo que le gusté enseguida, pero como era muy reservado jamás me lo dijo abiertamente. Antes de mi regreso a Italia intercambiamos nuestros teléfonos y, apenas un mes después, fue a verme a Florencia pretextando un viaje de negocios.

En realidad, su negocio era yo: quería conquistarme. Pasamos momentos muy agradables en mi ciudad. Fui amable con él porque me resulta espontáneo corresponder a la hospitalidad recibida. Cuando regresó a Manila, transcurrieron varios meses de tibio intercambio epistolar. Un día recibí su enésima carta, en la cual se declaraba y me pedía directamente que me reuniera con él para la fiesta del noviazgo. Quería una esposa europea y me había elegido a mí.

Pertenecía a una familia muy acaudalada, pero eso no era suficiente; en mí no se había disparado nada o, por lo menos, nada que pudiera transformar una amistad en amor. Y, además, la idea de irme a vivir a otro sitio no formaba parte de mis deseos. En resumen, lo había seducido sin darme cuenta siquiera. Y, de este modo, había descubierto una parte de mí misma que no conocía del todo. Había jugado bien, quizá precisamente porque él no era mi objetivo. Después supe a través de amigos comunes que me conservó durante muchos años en su corazón y que, al final, se casó con una filipina.

El ángel caído del cielo

Andrea era un romano de Roma. Un hombre tan original como insensato. Empezó a cortejarme diciéndome que me había confundido con un ángel. Según él, yo era una criatura del más allá. Este discurso fuera de lo común logró fascinarme auténticamente. A pesar de haber sido siempre muy delgada, nadie me había encontrado tan ligera como para colocarme un par de alas. Una tarde, mi lectura quedó interrumpida por una llamada telefónica. Después de una agradable charla, me preguntó sin preámbulos cuáles eran las flores que más me gustaban. Tras saber que mis preferidas son las orquídeas, se despidió de mí y colgó. Dos horas más tarde, el tiempo necesario para trasladarse de Roma a Florencia, donde vivo, oí llamar a la puerta. Detrás de un enorme ramo de orquídeas estaba él. Me pareció una temeridad, pero, a pesar de todo, me sentí halagada. En aquella ocasión terminamos en la cama y allí él debió de descubrir que los momentos de intimidad con un ángel son de lo más difíciles. En resumen, las cosas no funcionaron. Me quedó muy mal sabor de boca y a él más que a mí. Tal vez creía que el amor con una criatura angelical tenía que quedar en el plano de lo platónico y verbal. Mi carnalidad siguió siendo un misterio para él.

Corramos un tupido velo sobre Montecarlo

Leandro es un astro, un auténtico seductor. Mayor que yo, está dotado de un *charme* tan extraordinario y de una ironía tan sutil que me hace olvidar este detalle: lo conocí durante unas vacaciones. Estaba con su mujer, pero antes de despedirnos encontró la manera de pedirme el número de teléfono. A pesar de todo, yo estaba convencida de que jamás volvería a verle.

No fue así. Me llamó al cabo de menos de una semana para invitarme a pasar un fin de semana de diversión con él en Montecarlo. Mandó recogerme en Florencia con su avión privado y en cuestión de pocas horas ya estábamos juntos. En su calidad de jugador empedernido, me acercó al mundo del casino y me asignó el papel de amuleto. Me llevó a cenar a los mejores restaurantes, se entregó en cuerpo y alma a mí. Antes de que terminara el fin de semana ya lo había conquistado, pues la última noche, en la mesa, mirándome a los ojos me murmuró tiernamente un dulcísimo «te quiero». No le contesté enseguida. Estaba emocionada pero, al mismo tiempo, pensaba en la diferencia de edad y en el hecho de que estuviera casado. No le contesté ni siquiera al día siguiente y, al final, desaparecí. A partir del día en que su avión me devolvió a casa, evité contestar a sus llamadas. Sé que lo comprendió, pues dejó de buscarme.

El sistema de seguridad fue el alcahuete

Vivo en la planta baja de un edificio muy grande. Era una sofocante noche de agosto y se disparó la alarma. Me desperté sobresaltada y muy asustada, pensando que habían entrado ladrones.

El sistema antirrobo está conectado con la central de los *carabinieri* y, en general, cuando se dispara la alarma, a los pocos minutos llega una patrulla de la brigada móvil. Por eso me calcé rápidamente unas zapatillas de gimnasia y me puse un blusón de algodón.

En efecto, al poco rato llamaron al timbre dos *carabinieri*. Lo examinaron todo y registraron los rincones de la casa para asegurarse de que no había nadie. Finalmente me hicieron firmar la denuncia y se marcharon. Al día siguiente recibí una llamada de uno de ellos para preguntarme si todo estaba en orden y si había dormido bien. Con la excusa de preguntarme si había encontrado un llavero suyo, volvió a llamarme. La verdad es que en casa no encontré nada. Pero la cosa no terminó ahí. Al día siguiente recibí una carta suya. Escribía muy bien, con un lenguaje muy cuidado y atento, pero me hizo reír la frase inicial: «Jamás había visto a una mujer tan guapa.» ¿Os imagináis a una mujer que acaba de despertarse y levantarse de un salto de la cama en plena noche, asustada por la posible presencia de ladrones, vestida de cualquier manera con lo primero que le viene a mano? ¿Cómo podía estar guapa? Por simple educación, a la tercera carta acepté tomar un café con él. El *carabinieri* siguió enviándome misivas de amor durante casi seis meses, hasta que al final le contesté que no correspondía a su amor y que tenía novio.

Así terminó, pero sigo conservando dos cosas de él: aquellas páginas llenas de cumplidos y el convencimiento de que aquella noche se produjo una visión.

El emir y la pintura

Me encontraba en Bahrein, en el Golfo Pérsico, para una exposición de mis cuadros. En efecto, aparte de escribir también pinto y es una de las cosas que más me gusta hacer.

Permanecí en aquel maravilloso país aproximadamente quince días. Fue una experiencia preciosa, también porque mis cuadros constituyeron un éxito y toda la exposición se celebró con cumplidos y atenciones. Hasta el primer ministro adquirió uno de mis cuadros.

Aproveché la estancia para visitar el país, que me pareció muy interesante. La embajada francesa organizó un almuerzo en mi honor y conocí a muchas personas importantes. En resumen, en el transcurso de pocos días, todo el país hablaba de esta artista italiana y del éxito de su exposición.

Un viernes, el día de fiesta para ellos, George, mi amigo embajador, me propuso una merienda en el parque a la orilla del mar donde el emir tenía por costumbre ir a relajarse entre la brisa marina.

Nada más entrar, lo vi. El emir estaba rodeado por toda una nube de personas: secretarios, cancilleres y guardaespaldas. Estaba tan emocionada que hasta me temblaban las piernas.

Permanecía sentado en un sillón enorme, era de baja estatura, vestía prendas árabes, era gordito y con barba, pero tenía una sonrisa encantadora.

Lo saludé, hice casi una reverencia y empezamos a conversar. Yo me deshice en elogios acerca de su país y él hizo lo propio conmigo («Qué artista italiana tan guapa»). Me pidió que le hablara de mis cuadros y me preguntó si tenía un catálogo. Le contesté que se lo haría llegar cuanto antes.

Aquella tarde regresé al hotel y, junto con mi amigo el embajador, elaboramos un plan «conforme al protocolo».

Transcurrieron unos cuantos días y, cuando ya pensaba que la cosa había terminado ahí, sonó el teléfono. Era el recepcionista del hotel, comunicándome que el subsecretario de la Casa Real tenía un paquete para mí.

Abrí la nota. Con una refinada caligrafía, el emir me había escrito: «Sus cuadros son todos muy bonitos, no he podido elegir ninguno en particular. Entretanto, tenga a bien aceptar estos obsequios por su gracia, su belleza y sus dotes.» El paquete contenía un collar de finísimas perlas cultivadas en *degradé* y un reloj de oro con brillantes. Regresé a Florencia con lágrimas en los ojos.

Jamás volví a ver al emir. Sé que murió hace dos años.

¿Fui yo la seducida por aquel gesto? ¿O fue él quien quedó seducido por mí o por mi pintura?

Yo, seducida y abandonada por ellos

Seducción inesperada

Lo voy a llamar Marco. Es un gran actor italiano, uno de los mejores. Sabiendo que actuaba en mi ciudad, yo había organizado una cena en mi casa y pedido a algunos amigos comunes que lo invitaran.

Por un contratiempo de última hora aquella noche no pudo venir, pero al día siguiente me envió un ramo de rosas, invitándome a ir a verlo al teatro. Fui y me preparé con gran esmero, adivinando la importancia de un encuentro que más tarde estuvo a la altura de lo que yo esperaba. Al finalizar el espectáculo, me saludó desde lejos y se reunió conmigo en cuanto pudo.

Con Marco se encendió inmediatamente una llama; me hizo vivir una relación completa en todo el sentido de la palabra. La magia del que sabe seducir haciéndote sentir una reina estalló por entero dentro de mí. Iba a cenar con él, con aquel hombre tan guapo y fascinante. Me hablaba con aquella voz suya tan preciosa y persuasiva. Y yo exultaba de gozo.

Hasta el misterio de nuestra historia fue un ingrediente importante. Cada vez que nos reuníamos, pedíamos dos habitaciones separadas para evitar que nos descubrieran.

El primer beso que me dio me llenó de una inmensa alegría. Si cierro los ojos, recuerdo todavía todos los detalles de aquel instante y pienso de nuevo en aquella frase de Flaubert: «Un beso legítimo jamás vale tanto como un beso robado.» Habría hecho enamorar a cualquier mujer porque siempre conseguía hacerte sentir única y deseable.

Le daría el primer premio como seductor. Marco me hizo perder realmente la cabeza. Pero, cuando un día me dijo: «Si tuviera diez años menos, sería distinto. Volvería a empezar contigo», no tuve más remedio que tomar nota y retirarme. «Está casado —pensé—, y lo tuyo no es hacer el papel de "la otra".»

Así terminó todo, sencillamente.

Pero lo pasé muy mal.

Adiós, adiós, la cuenta la pago yo

Seducida y abandonada por un tal Giulio, un hombre muy guapo. Físicamente me gustaba mucho, pero por encima de todo me divertía con sus ingeniosos comentarios. Estábamos a principios de verano y nos habíamos conocido recientemente. En la práctica, el galanteo acababa de empezar. Decidimos irnos juntos de vacaciones. Un paso muy atrevido, pero, temeraria y recelosa, me lancé a pesar de todo. Destino: el Caribe.

El primer día todo fue como la seda. Amor, besos y abrazos.

El segundo, un poco menos. Empezamos a no estar de acuerdo en pequeñas cosas, incluso en bobadas. Por ejemplo, yo quería desayunar en la habitación y él habría deseado bajar.

En los días siguientes se mostró aparentemente romántico, pero, en realidad, vigilaba obsesivamente el dinero. Íbamos a cenar fuera y se ponía muy acaramelado, pero, cuando llegaba la cuenta, pagaba sólo su parte. Y —quiero subrayarlo— el viaje me lo había pagado yo de mi propio bolsillo.

Un día la situación fue muy violenta. Fuimos a visitar un museo naval. Él estaba delante de mí y se acercó primero a la taquilla. Sacó una sola (tacañísima) entrada. ¿Os dais cuenta? Un *gentleman* al revés. Aquel comportamiento me puso furiosa. Le hice observar su mezquindad y su falta de galantería. Él se lo tomó a mal, quizá porque de la escena habían sido testigos otras personas. Se enojó y dijo que no quería continuar la visita y prefería irse. Yo, en cambio, quería quedarme. Resultado: me dejó allí plantada, sola en medio de la nada.

Regresar al hotel no fue nada fácil: tuve que tomar primero un taxi y después una embarcación de vapor. Subí a la habitación y ya no encontré sus efectos personales. En la habitación estaban sólo mis cosas. Bajé a recepción a pedir información y me contestaron que mi acompañante se había ido. Había encontrado un vuelo y se había largado de inmediato. Pero lo más increíble fue que dejó de pagar toda la cuenta. Ni siquiera había pagado una parte de aquellos «días de amor». Me quedé, pero, como es natural, las vacaciones no fueron lo que yo había imaginado.

Desde luego, fue una manera muy fea de plantarme, aparte de una muestra de pésimo estilo.

Terminó antes de empezar

Conocí a Uberto durante una fiesta en Milán. Un gran director de orquesta, un rostro original, una cabeza con una gran mata de cabello. Nos habían sentado juntos en la mesa de la cena y parecía muy interesado en mí. Era un hombre muy guapo, con todo el encanto propio del artista. Intercambiamos nuestros números de teléfono. Pero yo decidí jugar de una manera algo menos evidente, me lo tomé con calma y no lo llamé enseguida.

Dejé pasar una semana y di señales de vida el fin de semana siguiente. Me contestó la secretaria y me dijo que llamara más tarde. Lo hice unos cuantos días después. Contestó él en persona; levantó el auricular y lo saludé diciendo: «Hola, soy Patrizia.» Él me cortó diciendo: «Ahora no puedo», y colgó. Recuerdo muy bien el desagradable sonido de aquel clic. Seducida y abandonada a través de unas breves palabras de un hombre egocéntrico. Terminó antes de empezar. Una lástima.

Constantemente seducida y abandonada

Lo conocí en la boda de un amigo. Era muy guapo y elegante, un poco *understatement*, o sea, más bien tirando a discreto, como siempre me han gustado los hombres. Tenía la mirada triste y misteriosa propia de alguien que acaba de salir de una mala aventura sentimental. Era justo lo que había ocurrido. Nos pusimos a conversar y, cuanto más hablaba él, tanto más me gustaba. Tenía una dulzura y una gracia fuera de lo común. Me explicó lo que hacía y qué le gustaba hacer. Un tipo muy curioso. Nos gustaban las mismas cosas: la India, Oriente, los animales.

Al cabo de una semana me llamó y empezamos a salir juntos. Teatro, restaurante indio, algunas excursiones al campo. Estábamos al principio de una relación y yo me encontraba en el séptimo cielo. Su única rareza era que a menudo acababa perdiéndose en sí mismo y necesitaba periodos de reflexión a solas que cada semana se prolongaban un poco más.

Era un hombre enigmático, lo sabía; estaba claro que su anterior relación lo había dejado muy marcado. Pero yo no me daba por vencida: cuanto más se encerraba él en sí mismo, más creativas se volvían mis dotes de seducción.

Nuestras veladas empezaron a salirse de lo común: preparábamos comidas étnicas, veíamos un documental sobre las ballenas de Alaska y algunas veces, inmediatamente después, una peliculita *hard*.

Pero, a pesar de todo, yo tenía la sensación de que no conseguía hacerlo mío. Y así pasaban los meses. Una noche decidí ir a verlo a su casa. Me preparé un baño superperfumado, vertiendo en la bañera un frasco entero de aceite de rosa de Damasco. Me pasé por el cabello un bálsamo ultrasuave. Me unté el cuerpo con todo un tarrito de crema a la camelia japonesa. Me maquillé impecablemente. Me pasé más de una hora en el cuarto de baño. Y lo mismo delante del armario, sin saber qué ponerme. Examinaba todo lo que había más sexy en mi vestuario, pero no lograba encontrar nada que fuera adecuado.

En determinado momento tuve una iluminación. Me puse el impermeable directamente sobre la piel desnuda. Así, simplemente.

Fue una velada preciosa.

Pero al día siguiente él no me llamó. Lo intenté todo, hasta que al final decidí dejarlo.

Una persona francamente inaprensible.

Nunca más sin eros

«La espera del placer es en sí misma un placer.»

GOTTHOLD EPHRAIM LESSING

Eros es el dios del amor. Pero ¿en qué consiste exactamente?

Cuántas veces nos hemos preguntado qué significa, si es un concepto en sí mismo o bien el conjunto de toda una serie de palabras como sexualidad, sexo, amor, contacto, visión...

Es una especie de manantial que lo transforma todo en gestualidad; es el talento de inducir a alguien a que os desee, de atraer como un imán sus sentidos.

Estimula los sueños que nos hacen despertar en los brazos de ella o de él.

Lo descubriréis en las cartas recibidas del amante, en aquellos escritos tan rebosantes de pasión y refinado deseo, en la excitación de la mente y el estado de ánimo que enciende en nosotros.

Lo encontraréis donde menos lo esperéis.

Es la atracción entre dos cuerpos que se eligen por algún signo distintivo del destino; la chispa que enciende el juego de la mutua seducción, aquel dejarse ir para después perseguirse y recuperarse.

Ni siquiera la literatura erótica ha conseguido explicárnoslo a pesar de habernos deleitado con infinitos relatos, poéticos o no, desde Charles Bukowski hasta Henry Miller y, hacia atrás, hasta Ovidio y Safo.

El eros es una danza mágica y sensual que mueve nuestro cuerpo al ritmo de un reclamo natural. Es la atmósfera que precede al acto sexual. Ambos componentes de la pareja actúan de manera que se cumpla aquel instante concreto, aquella exigencia casi ineludible que procede de sus sentidos. El acto final sólo se cumplirá cuando ese camino se haya llenado de fuerza (o de impetuosidad), cuando se haya mostrado la danza de los cuerpos. Por otra parte, la inteligencia erótica consiste en mantener encendido el deseo, procurando que ese tango alcance el ápice del mutuo deseo.

Él también interpretará su papel, pero lo consumirá en el instante, en la sorpresa. Tal vez os llame cuando ya esté delante de vuestra casa, a punto de subir. O bien hará crecer el fuego poco a poco en vuestro interior. Os enviará cartas rebosantes de pasión, llenas de un erotismo tan refinado que os harán comprender claramente que os desea, que os quiere como nadie lo ha hecho antes.

Y no importa que os sintáis cohibidas, nada podrá

otorgar más éxtasis a aquellos momentos que vuestra personalísima danza.

No por casualidad, el historiador de arte y diputado del Parlamento italiano Vittorio Sgarbi señala: «No os fiéis de quien seduce utilizando tan sólo la lencería. No es un sujetador modelo *balconet* lo que hace fascinante a una mujer sino la actitud que mantiene en la intimidad: cómo se mueve y lo que dice.»

Y para terminar... la sal de la vida está en vuestras manos

La seducción es la sal de la vida, un juego gracias al cual se consigue conservar para siempre una mirada de niño. Para no perder el placer de divertirse dosificando la ironía y la fantasía; para no olvidar el júbilo de una carcajada liberadora soltada en la complicidad.

La idea de que podría nacer un verdadero amor es irresistible; la perspectiva de poder pasar unos momentos inolvidables en compañía de otra persona es fascinante. Apoyar la cabeza en el hombro de la persona amada y sentirse acogidos y deseados es maravilloso.

El deseo de saborear la vida como si fuera un sorbo de agua pura es el resorte más importante que impulsa a buscar el placer.

¿Por qué oponer resistencia a todo eso? ¿Por qué

rechazar aquellas manos tan tiernas que quieren acariciarte, aquella voz tan dulce que desea envolverte, el misterio de aquella mirada que te deja sin habla?

Como a mí ahora.

OTROS TÍTULOS
DE LA COLECCIÓN

¡ABSOLUTAMENTE GLAM!

CINZIA FELICETTI

Un viaje a la fascinante e intemporal historia de los diez ingredientes de culto del vestuario femenino: del vestidito negro a la *t-shirt*, pasando por los imperecederos tejanos, la camisa blanca, el jersey de cachemir y el collar de perlas. ¿El denominador común de estos diez magníficos? Son inversiones seguras, sin fecha de caducidad. Muy por el contrario, mejoran con los años, irradiando estilo y encantadoramente ajenas a las tendencias.

Cinzia Felicetti brinda consejos expertos para reconocer los auténticos iconos de la elegancia y lucirlos en todo su esplendor. Y nos recuerda que el estilo es como un diamante: para siempre. Pero cuesta mucho menos.

¡QUIERO ESOS ZAPATOS!

PAOLA JACOBBI

Tras las desventuras de Eva, que dio comienzo a la historia femenina paseándose descalza por el paraíso terrenal, los zapatos se han convertido en los mejores amigos de las mujeres. Y las mujeres corresponden con una pasión rayana en la locura. Este libro intenta explicar la imparable ascensión de un fetiche que atraviesa la cultura popular a lo largo de los siglos, desde *Cenicienta* hasta *Sexo en Nueva York*. En torno a los zapatos, las mujeres hemos construido —y continuamos construyendo— modas y mitos, apasionándonos por sandalias, por botas, por tacones asesinos o por bailarinas. Porque los zapatos son un capítulo aparte de la historia de la moda y del *glamour*. Su poder mágico se refleja en nuestras vidas, en el cine y en el arte. Paso a paso, aquí está todo lo que hay que saber para disfrutar de nuestra obsesión sin perder un ápice de estilo ni hacer volar por los aires nuestro presupuesto.